100 Questions pour mon PAPA

Chère Papa

Dans ce livre tu trouveras un guide pour nous raconter ton histoire, tu peux écrire mais aussi coller des photos, des extraits de journaux ...

Une fois complété ce seras notre bien commun le plus p r é c i e u x .

Je t'aime et suis impatiente de découvrir ce livre complété.

Sommaire

Mon Papa

Ma papa est né le __________ à ________________________

Il s'appelle __________________

Il a __ enfants, et __ petits enfants.

Ta généalogie

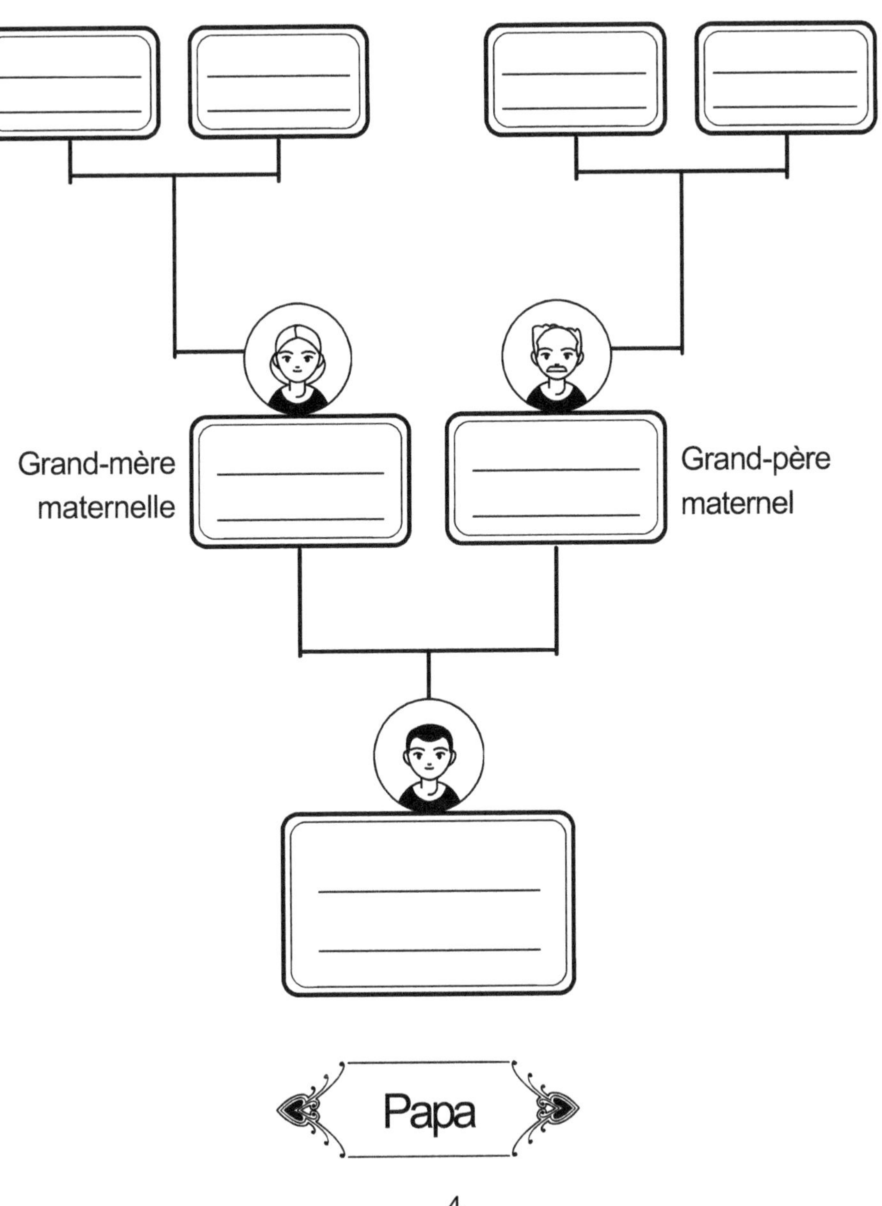

Papa

Ta généalogie

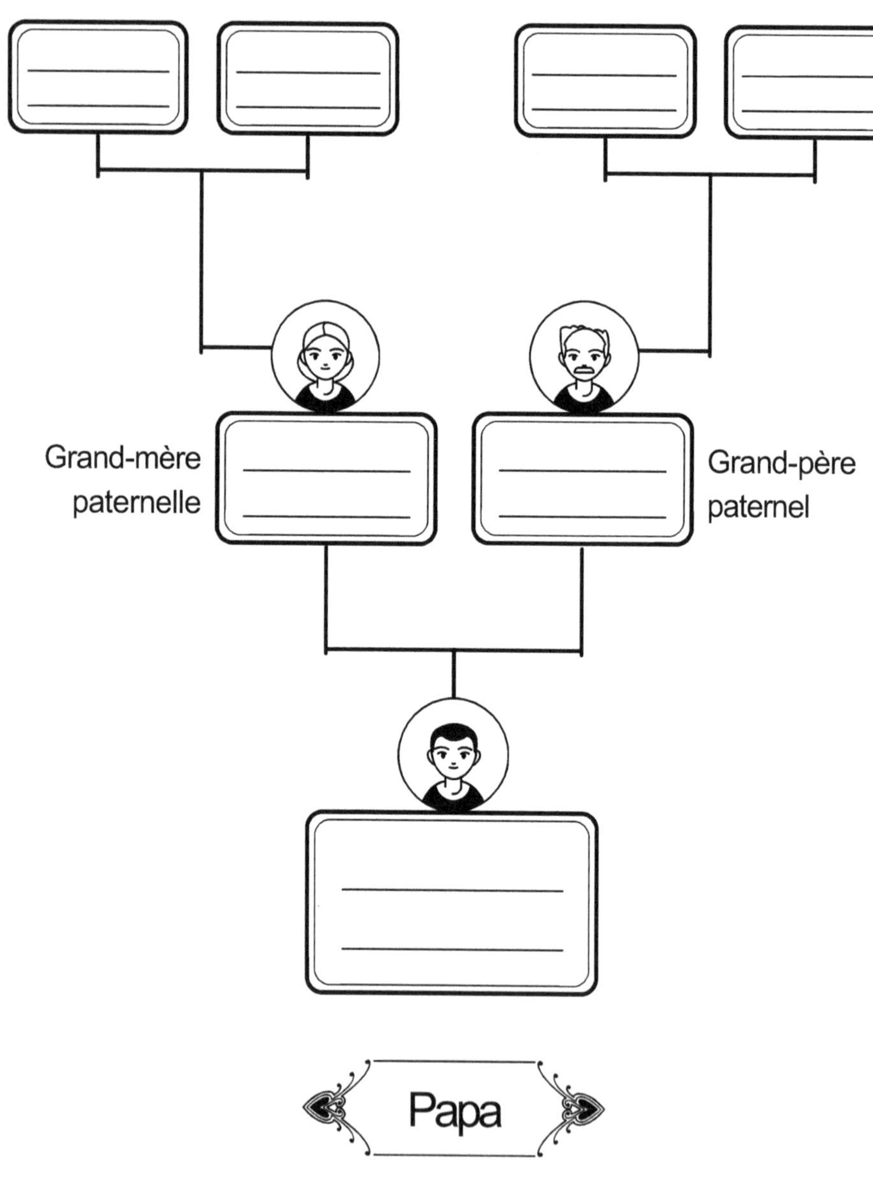

Frise chronologique

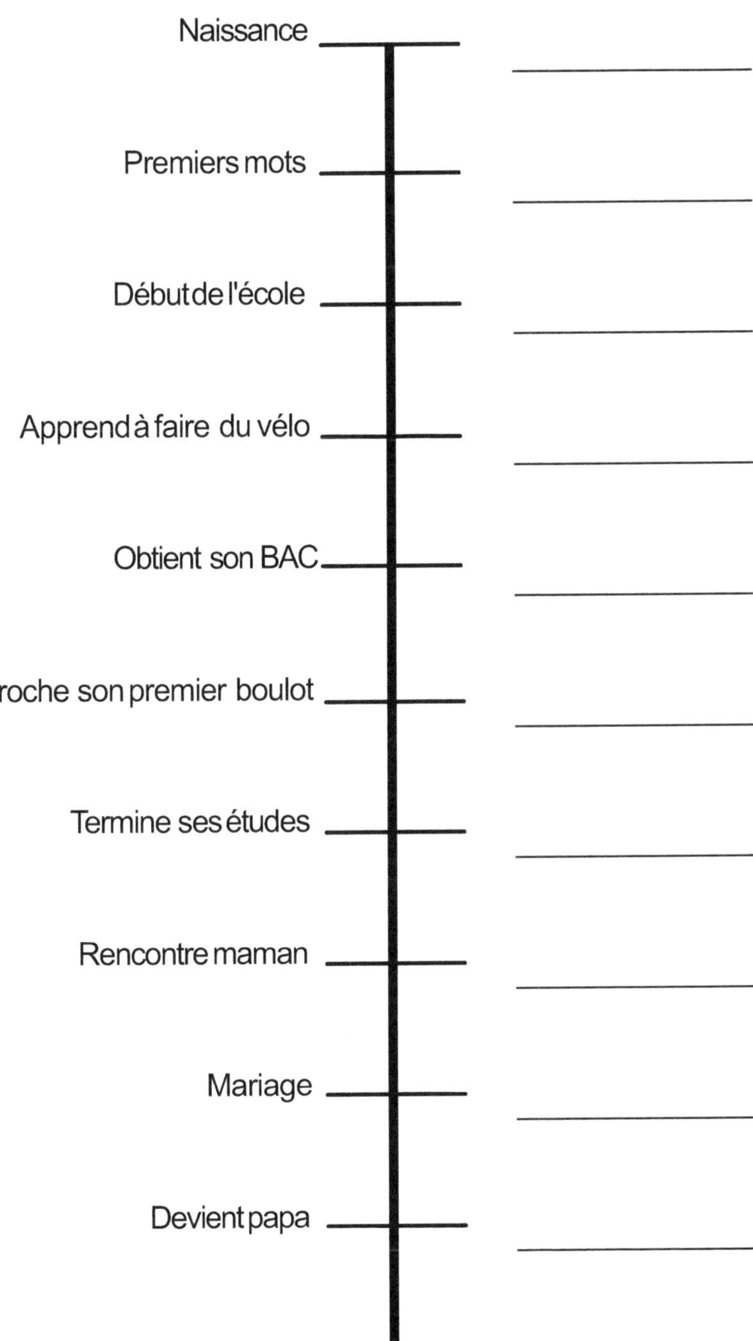

Ta naissance

Ta naissance

1- Quel est ton nom complet ? Est-ce que tes parents l'ont choisi pour sa signification ?

2- Combien tu pesais à la naissance ?

3- Selon mamie, tu étais pressé de sortir ou tu as pris ton temps ?

4- Tu es né dans quel hôpital ?

Ta naissance

5- Quels étaient tes premiers mots ?

6- Papy et Mamie, ils avaient quel âge quand tu es né ?

7- Tu étais un bébé facile à vivre ou pas ?

8- Tu te sentais plus proche de mamie ou de papy ?

Colle une photo de toi bébé :

Ton enfance

Ton enfance

- Quel est ton tout premier souvenir ?

0- Ton école elle était comment ?(maternelle, primaire)
i tu en as connu plusieurs, raconte-moi celle qui t'a le plus marqué.

Ton enfance

11- Est-ce que tu travaillais bien ou est-ce que tu avais un peu de ma
?

12- Tes professeurs s'appelaient comment ?

13- Lequel/laquelle tu préférais et pourquoi ?

Ton enfance

14- Quand vous faisiez des bêtises, quelles étaient vos punitions ?

15- Tu allais à l'école comment ? À pied, à vélo, en voiture...

16- Quand tu étais petit tu voulais faire quoi comme boulots ?

Ton enfance

17- Quels étaient tes jouets et jeux préférés ?

18- Tu faisais beaucoup de bêtises?

19- Quelle est la plus grosse bêtise que tu aies faite à l'école ?

Ton enfance

20- Quel est le plus beau souvenir de ton enfance?

21- Tu es allé où lors de tes sorties scolaires, tu as voyagé dans d'autres pays ?

Ton enfance

22- Lequel de tes anniversaires t'a le plus marqué ?

23- Est-ce que tu étais sportif ? Quels sports as-tu pratiqués ?

Ton enfance

4- Est-ce que tu as gagné des compétitions (des courses par exemple) ?

5- Tu jouais d'un instrument ? Si oui, pendant combien de temps ?

6- Tu es allé voir quel groupe/artiste pour ton premier concert ? Tu t'en appelles ?

Ton enfance

27- C'était comment le style vestimentaire de ton époque? Et commer
tu étais coiffé ?

28- Tu avais peur de quoi, petit ?

Ton enfance

29- Tu regardais quoi à la télé ?

30- Tu as appris à nager à quel âge? Et à faire du vélo sans les petites roues ?

31- Qu'est-ce que tes parents cuisinaient que tu détestais manger ?

Ton adolescence

Ton adolescence

32- Tu étais un ado rebelle ou facile à vivre?

33- Tu jouais à des jeux-vidéo ? Si oui, lesquels ?

34- Est-ce que tes parents te donnaient de l'argent de poche ? Si oui, combien ?

Ton adolescence

35- Tu t'habillais comment?

36- Tu avais beaucoup de copains ? Vous faisiez quoi le week-end ?

Ton adolescence

37- C'était une période de ta vie qui te manque ou que tu es content d'avoir passée?

38- À quel âge tu as eu ta première relation ? Elle s'appelait comment ?

Ta famille

Ta famille

39- Parle-moi de Papy et Mamie, comment c'était la vie avec eux ?

Ta famille

40- Et tes grands-parents tu les as connus ? Parle-moi d'eux aussi.

Ta famille

41- C'était où votre première maison ? Et elle était comment ?

42- Est-ce que vous partiez en vacances parfois ?

Ta famille

43- C'était lequel ton voyage préféré ? Raconte-moi.

Ta famille

4- Comment s'appelaient les animaux de compagnie de la famille ?

5- Raconte-moi une chose que tu n'as jamais osé dire à tes parents.

Ta famille

46- Ils ont réagi comment quand ils ont su que tu allais avoir un enfan

____

____

____

____

____

____

____

____

____

____

____

47- Ils venaient souvent me voir ou me garder quand tu étais occupé

____

____

____

____

____

____

____

____

____

____

____

Ta famille

48- Est-ce que tu aurais préféré être fils unique ou avoir des frères et soeurs ? Pourquoi ?

49- Avec lequel/laquelle de tes frères et soeurs faisais-tu les 400 coups ?

Ta famille

50- Comment s'appellent tous tes cousins/cousines ?

51- Avec lequel ou laquelle tu étais le plus proche ?

Colle une photo de toi avec papy et mamie :

Ta vie de jeune adulte

Ta vie de jeune adulte

2- Tu as eu ton BAC ? Raconte-moi comment ça s'est passé.

Ta vie de jeune adulte

53- Après l'école, tu as fait quoi comme premier travail ? Est-ce qu'il te plaisait ?

54- Et après qu'est-ce que tu as fait ?

Ta vie de jeune adulte

55- Tu as eu ton permis à quel âge ? Tu as réussi l'examen du premier coup ?

56- C'était quoi le modèle de ta première voiture ?

57- Tu habitais loin de ton papa et ta maman ? Tu les voyais souvent ?

Ta vie de jeune adulte

58- Qu'est-ce que tu aimais faire le plus à 20 ans ?

59- Tu avais toujours les mêmes copains que quand tu étais petit ?

Ta vie de jeune adulte

60- Est-ce que tu as fait des grands voyages? Tu es parti où ?

Ta vie de jeune adulte

61- Comment tu as rencontré maman ?

Ta vie de jeune adulte

2- Est-ce que tu as su dès le début qu'elle allait être la femme de ta vie ?

3- Comment tu lui as fait ta demande en mariage ?

Ta vie de jeune adulte

64- Et votre mariage c'était comment ?

Ta vie de jeune adulte

65- Est-ce qu'après vous êtes partis en voyage?

Ta vie de jeune adulte

66- Comment vous avez décidé d'avoir un enfant?

Ta vie de jeune adulte

67- Quel est ton plus beau souvenir avec maman ?

68- Et votre plus grosse dispute, c'était à cause de quoi ?

Ta vie de jeune adulte

69- Quel est le cadeau(de ta part) qui a fait le plus plaisir à maman ?

70- Et toi, c'est quoi le plus beau cadeau qu'elle t'ait fait ?

Colle une de tes toutes premières photos avec maman :

Ta vie de papa

Ta vie de papa

71- Comment tu as réagi quand tu as su que tu allais avoir un enfant ? Et maman ?

Ta vie de papa

72- Comment s'est passé le jour de l'accouchement ? Tu as conduit maman à l'hôpital ?

Ta vie de papa

73- Combienje pesais à la naissance ?Je criais beaucoup ?

74- Vous hésitiezentre quels prénoms ?

Ta vie de papa

75- Est-ce que tu avais beaucoup de temps pour t'occuper de moi ?

76- Qu'est-ce que tu aimais faire avec moi quand j'étais bébé?

Ta vie de papa

7- Tu as arrêté de travailler pour t'occuper de moi ?

8- Est-ce que vous avez voulu d'autres enfants ? Pourquoi ?

Ta vie de papa

79- Quelle est la plus grosse bêtise que j'ai faite quand j'étais petit(e) ?

80- Tu t'es mis en colère ? J'ai été puni(e) ?

Ta vie de papa

81- Est-ce que le fait de devenir papa a changé tes habitudes ?

82- Est-ce que tu es fier de l'éducation que tu m'as inculquée ?

Ta vie toute entière

Ta vie toute entière

33- Quels sont les plus beaux moments de ta vie ?

Ta vie toute entière

84- Quels sont tes rêves ?

Ta vie toute entière

5- Il y en a que tu as déjà réalisés ?

Ta vie toute entière

86- Qu'est-ce que tu adores faire quand tu es tout seul à la maison ?

87- C'est quoi ton plat préféré ?

88- Quel est le premier film ou dessin animé qu'on est allé voir ensemble au cinéma ?

Ta vie toute entière

89- Décris-moi ton dimanche idéal ?

Ta vie toute entière

90- De quoi as-tu le plus peur ?

91- Est-ce que tu penses que tu as fait plein de choses dans ta vie ?

Ta vie toute entière

92- Quel est ton plus grand regret ?

93- Quelle a été la décision la plus difficile à prendre ?

Ta vie toute entière

94- Qu'est-ce qui te manque le plus de ta vie d'enfant ?

95- Est-ce que tu as un talent particulier qu'on te fait souvent remarquer ?

Ta vie toute entière

6- Quels conseils tu me donnerais pour réussir dans ma vie ersonnelle ?

7- Et dans ma vie professionnelle ?

Je te pose mes propres questions

98- ....

99- ....

100- ....

Ta vie en photos

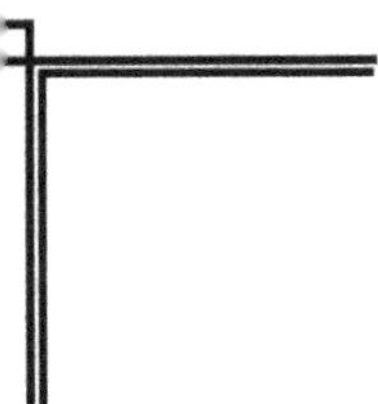

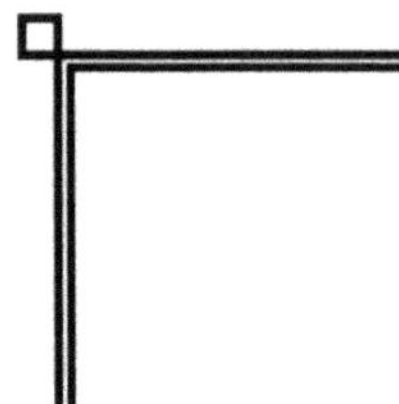

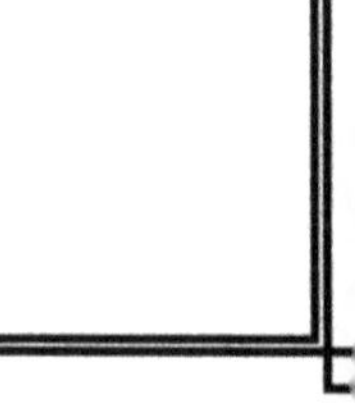

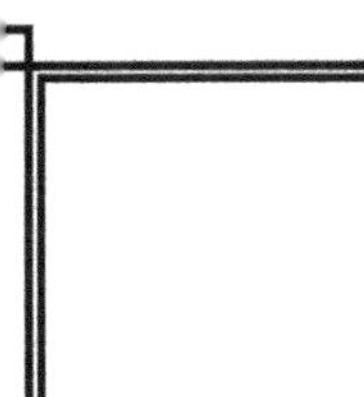

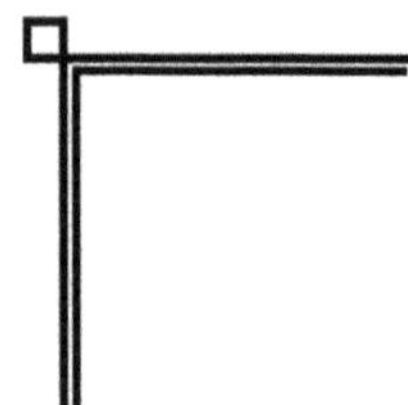

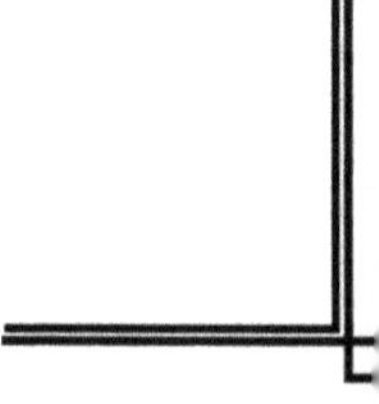

Chère Papa

Merci pour tout le temps passé à compléter ce livre de souvenirs, j'espère que tu pris autant de plaisir à le faire que moi à le lire

Je t'embrasse.

Qu’en avez-vous pensé ?

Lorsque vous nous laissez votre avis à propos de ce livre sur Amazon, même succinct, sachez que cela nous aide énormément. Alors même s’il ne fait que quelques mots, Mélodie serait extrêmement reconnaissant si vous nous laissiez votre ressenti dans un commentaire. Pour cela, connectez-vous à votre compte Amazon, cliquez sur Commandes, trouvez le livre et enfin cliquez sur le bouton "Écrire un Commentaire". Merci encore de votre confiance.

Bien à vous,

Mélodie.

www.ingramcontent.com/pod-product-compliance
Ingram Content Group UK Ltd.
Pitfield, Milton Keynes, MK11 3LW, UK
UKHW022011190726
13853UKWH00004B/1870